AF250544

DÉPOT LÉGAL
Aube.
N°
1872

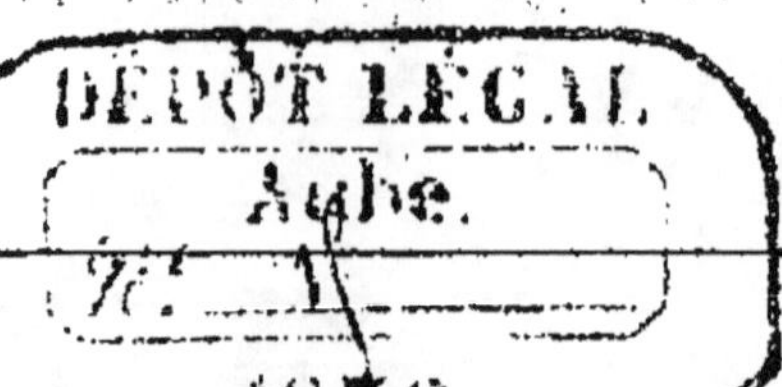

PRÉDICTIONS

D'UN PROPHÈTE

QUI N'EN EST PAS UN

Tenebrasne — an lucem ?

Mortemne, — an vitam ?

Initiumne finis — an seculi melioris originem ?

DEUS SCIT !!!

PARIS

VICTOR PALMÉ, ÉDITEUR

RUE DE GRENELLE-St-GERMAIN, 25

1872

$$\dagger$$

En ces jours là les amis du Prophète s'étaient rassemblés pour gémir sur les malheurs de la France.

Il y avait là les ingénieux curés de C...
et de C... L..., et l'excellent Père M..., et
le bon Prieur de Ste-M...-M..., et le pieux
chanoine D... de D..., et le vrai Français
le curé de B..., et le digne ancien libraire
M. G....

Et ils étaient tristes. Leurs cœurs étaient
accablés : ils avaient presque perdu l'espé-
ran ce.

Comment , disaient - ils au Prophète ,
cette terre desséchée pourra-t-elle reverdir?
Comment ces champs dévastés pourront-ils
encore se couvrir de moissons? La rosée du
Ciel ne rafraîchira plus ces déserts, et les
vents du midi y promèneront la désolation
et la mort.

Le Prophète leur répondit : Connaissez-vous le secret des jugements de Dieu, et avez-vous sondé l'abîme de ses miséricordes?

Et ils dirent au Prophète : Il est vrai que le bras du Tout-Puissant n'est point raccourci ; mais les signes de ses jugements sur nous ne sont-ils pas évidents, et ne voyez-vous pas, comme nous, que nous sommes condamnés? La France s'est-elle humiliée sous la main du Très-Haut? A-t-elle fait pénitence?

Hélas! bien au contraire ; sa main a ressaisi la coupe des jouissances coupables ; ses écrivains renient la céleste origine de l'homme : ils enseignent, comme jadis, que nous descendons du singe. Ils ne voient dans Notre Sauveur Jésus-Christ qu'un imposteur de la famille de Mahomet ou de Bouddha. Ils soutiennent que la Bible n'est qu'une pieuse fiction, contemporaine d'Esdras ; et les jeunes français, qui tournèrent si souvent le dos à l'allemand, se masquent, et mènent à l'Opéra les danses échevelées de l'Empire.

O Prophète! si les miracles du Ciel sont toujours possibles, avouez cependant que la pauvre France n'a presque plus le droit d'en espérer. Et, vous-même, O Prophète! ne voyez-vous pas aussi clairement que nous que la France ne sortira jamais du linceul de honte où elle dort pour toujours !

Et le Prophète leur dit : j'espère; et, au fond de mon cœur, je sens une ferme assurance de notre résurrection.

Et ils lui répondirent : Vos paroles nous semblent inexplicables. Cependant, comme vous êtes un sage, et que vous ne croyez pas à la légère, faites-nous connaître les raisons qui vous font parler ainsi.

Et le Prophète leur dit : Vénérables amis, je me rends à votre prière ; et je bénirai le Seigneur si mes discours donnent quelque joie à vos âmes abattues.

Vous savez aussi bien que moi que ce monde doit finir. Un jour cette pauvre terre, si ingrate envers son Créateur, si peu reconnaissante envers son Rédempteur, sera livrée à un déluge de feu.

Dieu seul connaît à quelle date fatale sont fixées les grandes assises de sa justice; mais cependant des signes précurseurs, méprisés des méchants, soigneusement notés par les justes, annonceront l'approche des derniers jours du monde.

Bien des choses pourraient faire penser que nous ne sommes pas très-éloignés des catastrophes finales.

S'il en était ainsi, nous n'aurions qu'à nous soumettre à la volonté Divine, comme le disait notre Grand Pontife Pie IX à l'un des derniers évêques s'éloignant de Rome après le Concile. Ne pouvant rien contre un malheur inévitable, nous aurions seulement à garder nos âmes en paix, et à nous préparer de notre mieux aux dernières épreuves.

Mais si les derniers jours de la terre ne sont pas encore proches, alors Vénérables amis, soyez sûrs que la France ne tardera pas beaucoup à se relever de ses ruines.

Jetez un regard sur l'Europe. Que voyez-vous?

Un pape hérétique à Londres ; un pape hérétique à Berlin ; un pape schismatique à Saint-Pétersbourg.

A Rome : l'abomination de la désolation dans le lieu saint.

Partout l'armée ténébreuse des sociétés secrètes marchant à l'assaut des vérités chrétiennes. Une presse vendue aux juifs, aux hérétiques, aux plus cruels ennemis du Christ, couvrant la terre de mensonges et d'erreurs. Une fausse science cherchant à persuader aux hommes qu'il n'y a point de Dieu, afin de les convaincre qu'il n'y a point de morale. Les bases de toute autorité détruites. La force mise à la place du droit. La société ébranlée dans ses fondements. Le pauvre contre le riche, l'ouvrier contre le patron. La religion chassée des écoles, l'enfance livrée à des maîtres impies. En un mot, partout la confusion, la licence et le désordre.

Encore quelques années d'un pareil cahos, et la société ne serait plus guérissable.

N'oubliez pas, d'ailleurs, Vénérables

amis, que Jésus-Christ est le vrai Roi des anges et des hommes

Et par droit de conquête, et par droit de naissance.

Si cet auguste Souverain a voulu cacher sa majesté dans nos tabernacles, il n'a pas abdiqué, et il règne à Rome par son Vicaire, le PONTIFE-ROI.

Or, la terre serait bien près de sa fin, si l'antique ennemi, celui qui voulait élever son trône au-dessus du trône de Dieu, pouvait se vanter d'avoir, dans le Pape, détrôné Jésus-Christ.

Je le répète, si la Providence garde encore dans ses trésors, des jours pour cette pauvre terre, soyons pleins d'espérance ; levons nos têtes en haut, car notre rédemption approche.

Mais, voyez avec moi de quel endroit peut nous venir le salut.

Serait-ce de l'Angleterre?

Celle qui peut à peine sauver chez elle *l'Église établie,* n'est pas appelée à sauver l'Église de Dieu.

Serait-ce de la Russie ?

Le vautour de la Pologne déchire l'Église de Dieu, il ne la sauve pas.

Serait-ce l'Empire allemand ?

L'Empire allemand voudrait une église allemande, c'est un futur oppresseur de de l'Église de Dieu.

Serait-ce l'Autriche ?

L'Autriche aurait pu peut-être fixer chez elle le flambeau lumineux arraché de nos mains coupables. Mais elle n'a pas su, ou n'a pas voulu. Ce n'est plus elle qui peut sauver l'Église de Dieu.

Serait-ce l'Espagne ?

Quand même l'Espagne redeviendait l'Espagne des temps anciens, son influence ne passerait pas les Pyrénées, et l'Église de Dieu ne serait point sauvée par ses nobles enfants.

Serait-ce l'Italie ?

C'est le volcan qui vomit sur l'Europe les laves révolutionnaires. C'est l'audacieuse qui profane le Quirinal, ce n'est pas elle qui peut sauver l'Église de Dieu.

C'est à la France seule, Vénérables amis, c'est à la *Fille aînée* de l'Église, que revient l'honneur de sauver humainement l'Église de Dieu.

Les méchants savent mieux que nous quel beau jour sera pour les catholiques, celui où l'auguste descendant de nos rois, Henri V, montera sur le trône.

A la même heure Don Carlos sera roi d'Espagne, et la foi antique refleurira sur cette terre désolée.

Les flots débordés qui couvrent l'Italie d'un déluge de maux, rentreront dans leur lit, et le PONTIFE-ROI retrouvera autour de lui les princes fidèles rétablis sur leurs trônes.

L'Empereur d'Autriche aura un solide appui, et contre la Prusse, et contre les juifs, et contre les mécréants qui s'unissent pour le livrer à ses ennemis. Il pourra alors suivre les généreuses inspirations de son cœur catholique.

Les petits Cantons de la Suisse, nos vieux et sincères alliés, délivrés du joug odieux du radicalisme, ne seront plus opprimés dans leur conscience et dans leur foi.

Tous les catholiques de l'Empire allemand sentiront que la France est leur amie. Tous les cœurs honnêtes, tous les vrais conservateurs de ces contrées, placées de force sous le joug *bismarckien,* se tourneront vers la France.

Tous les hommes justes, honnêtes, amis des vraies libertés, des anciennes et honnêtes mœurs, tous les partisans de la justice, tous les bons, en un mot, sentiront que le roi de France, Henri V, est avec eux et pour eux.

O France! O ma Patrie! toi qui gémis comme jadis Sion coupable, toi qui as été humiliée, abaissée, courbée sous les coups de la justice Divine, tu redeviendras bientôt glorieuse sans orgueil, et triomphante sans violence!

Réjouis-toi de savoir que Dieu te garde un Roi selon son cœur, un vrai roi catholique, ami du Pape, et que tous les cœurs droits ne pourront s'empêcher d'aimer!

Vous me demanderez peut-être, O mes amis, comment cet élu couronné remontera sur le trône de ses pères ?

Je pourrais me contenter de vous répondre que c'est le secret du Ciel. Et cependant, ne voyez-vous pas se dessiner devant vos yeux les chemins par lesquels Dieu ramènera parmi nous ce prince de la paix ?

Chemins semés d'épines et de ronces, chemins sanglants !

Pourquoi endormir vos âmes dans une sécurité trompeuse ? Mieux vaut vous dire : Tenez-vous prêts à tous les événements ?

Après les coups de tonnerre, après les éclats de la foudre, après les lueurs sinistres des combats où nous avons été vaincus, après les lueurs plus sinistres encore du pétrole versé sur Paris par des mains parricides, la France s'est endormie.

Dieu la réveillera de ce sommeil coupable.

Le tonnerre du bronze, et peut-être le pétillement de l'incendie résonneront encore à nos oreilles.

Les factions à la couleur verte, et les hordes à la couleur sanglante, pourront descendre dans l'arène, tandis que le pas lourd du germain se fera entendre du haut de nos collines.

Mais l'armée se lèvera. L'armée renouvelée, pleine de vigueur et de force. Dieu ne jettera plus au milieu d'elle la terreur et les épouvantements.

Pleine d'élan, vive, allègre et courageuse, l'armée combattra le bon combat, et contre l'ennemi du dedans, et contre l'ennemi du dehors.

Où sera alors le Roi de France?

Où est le corps, là les aigles se rassemblent. — Où était Clovis, lorsque ses francs brandissaient la framée? Où était Saint-Louis, lorsque s'ébranlaient les *batailles*?

Où était Henri IV, lorsque ses fidèles frappaient les bons coups ?

ET LE LIS REVIENDRA PORTÉ
SUR LE PAVOIS !

Et le Prophète se tut. Et ses amis se séparèrent ; et ils retournèrent chez eux le cœur plus calme, puisqu'ils pouvaient emporter l'espérance.

.   .   .   .

Et vous, qui lisez ces pages, ne demandez pas le nom du Prophète. Le Prophète n'en est pas un ; il n'est pas fils de prophète. Ce n'est pas un *voyant d'Israël.*

Il ne *voit* pas, mais il raisonne.

4 Février 1872.

TROYES, IMP. DUFOUR-BOUQUOT.

IMPRIMERIE DUFOUR-BOUQUOT
DB
TROYES.

www.ingramcontent.com/pod-product-compliance
Lightning Source LLC
Chambersburg PA
CBHW051509060726

47596CB00007B/2983